AF414868

Notes From
The Belly of the Beast
an anthology

La Bruja

ISBN 979-10-699-4603-3

Published by La Bruja

Cover Art By Eddie Jelinet

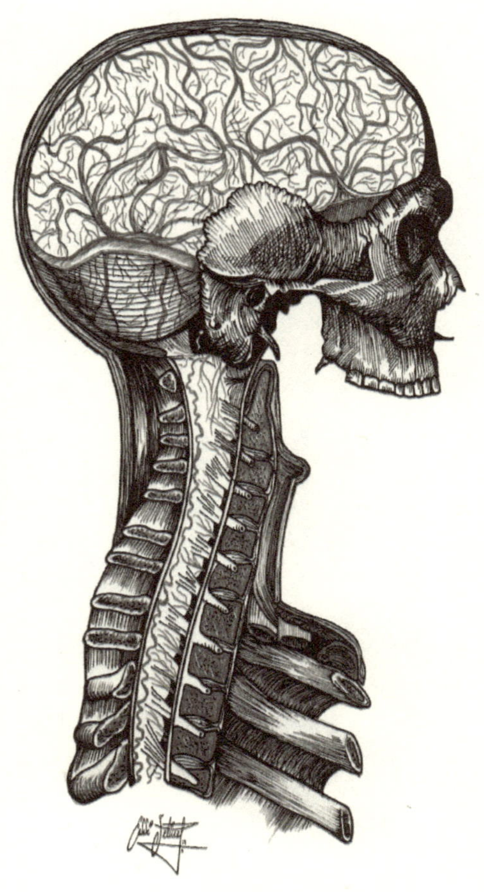

Rebellious Thoughts

I
A Moment of Silence

Let us take a moment of silence. Let us take a moment of silence for Syria, and for Iraq, for Palestine, for Algeria, for Rwanda, for Cameroon, for China, for Russia, for North America, for South America, for New York, for Hong Kong, for Mexico. Let us take a moment of silence for all the nations and for all the lands because word is we are all doomed. We are pressing the red button that will explode us into our great karmic paths and we will all be reborn the burnt particles of a lost world, a lost race, and a lost form.

All nature's cruelties seem to be the inevitable struggles, complexities, and sufferings of maintaining life. Yet, man races towards death. Man has no reverence, no desire for true life. Man is a coward bombing his way to extinction and denying it as he burns.

Let us take a moment of silence for all that is dying.

II
Do Not Be Fooled or Real Talk

Violence never equals peace. War is never a means to peace. War is an interruption of peace. War is war. Those who partake in any "justification" rhetoric are part of the problem. Those who send you off to kill the other in order to free the other, they are the problem.

The soldiers of Hollywood go out to conquer the world and to spin the deadly American dream into unsuspecting minds. Then the army, with their gas masks and bombs and tanks and their bogus banners of freedom will shortly follow. They will "liberate" your community from the mundaneness of simple life and they will swallow you into the agony of "the grind," "the rat race," "progress," and "freedom."

The American Dream, Hollywood, the smiles, the endless sunshine, the ease and comfort and acquisition... Do not buy into the propaganda. Those of us sunbathing in the belly of the beast are the first ones to burn in the hell of patriarchy.
We are the first severed and dismembered, de-souled, and de-naturalized: colonized and now trying to maintain the great burden of being civilized.

Do not buy into the bleached smiles and bleached skins, and bleached, now spiritless brains. We are the first betrayed and now complicit in the infernal race to distinguish all life: anything that is not automated. We've been swallowed by the jaws of psychopaths and we are in a stupor: interior decorating our prisons, febreezing over the stench, and instant-gratificationizing the rotting soul.

Do not emulate the skeletons parading

their vapid cruelty before your eyes, selling you romance and cigarettes and a good fuck. These people are dead. They've been digested by the rancid, intestinal highway of progress and false-superiority. Almost all instinct discarded, these people wallow in despair.

III
We Live

We are alive and multiplying. We: the artists, the livers, the lovers, the mothers, the fathers, the fighters, the huggers, the gardeners, the teachers, the dreamers, the listeners, the poets, the writers, the storytellers, the painters, the dancers. We who do not digest well, we live on. We. Our organic souls alight, our instinct rousing, we live on.

-A. Gallagher

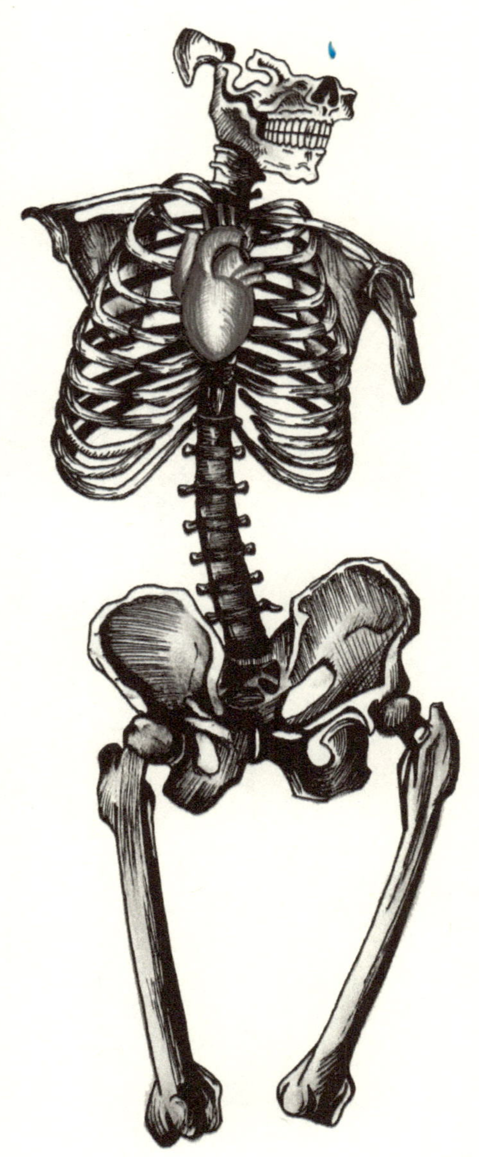

- Eddie Jelinet

Vivir Para Contarlo

Estamos en una ciudad cerca de Los Ángeles, California.

Aquí, un punto medio entre la frontera con México, esta el puerto de Long Beach, fábricas, maquinas sacando petróleo... Una base militar cual recoge la orilla entera del mar Pacifico. Una bahía de polución. Aviones militares, el hogar de Tesla, de armas, de Hollywood, de Disney, y el turismo.

Las distracciones de este ambiente.
Todo lo que vende la programación ... 'San Google' metiendo miedos.

Entre ahí, encontrar la harmonía.

-MAJA

España

Hoy veo una España en la cual tienes que "ser" y no "hacer." Una España donde el reír de los niños enmudece delante de pantallas táctiles. Donde los adultos se revisten de tejidos de licra y goma "Made in Bangladesh" fabricados por ejércitos de individuos que no ganan ni para comprarse lo que producen. Donde los ancianos agonizan entre el mar del olvido y el despojo de la experiencia vivida. Veo una España donde prima la tortura animal antes que las enseñanzas que te llevan a un equilibrio emocional, donde la alimentación se basa en los cadáveres de la nobleza, troceados por mataderos y verdugos, empaquetados en derivados del petróleo y servidos en mesas de vanidad a precio de salario proletario, todo ello cargado de antibióticos farmacéuticos y regado con vinos ensulfitados.

Veo una España que filtra veneno a ríos y mares, los cuales tanto amaron nuestros ancestros, donde los bosques perecen en madereras hijas del progreso, y con ellos, el cobijo de sus sombras. Veo una España cubierta de niebla tóxica allá donde se levantan sus torres de hormigón y metal fundido, aniquilando oxígeno, luz, viento...lugares donde la mirada vomita envidia, lugares donde alquilas tu libertad por dinero, para así subsistir en colmenas controladas por el yugo de la banca y el televisor, lugares donde la palabra "compartir" se convierte en "competir," donde mueres desde que naces.

Veo una España que se acuesta cubierta de banderas donde el color de la sangre se derrama sobre el color del sol. Una España que baila al son de sucios ritmos, con letras misóginas las cuales te inducen a una violencia disfrazada de Gucci y Ferrari. Veo una España chillona que no dice nada, donde los domingos se encharca de cerveza barata y vocifera sus frustraciones en coliseos o delante de la TV, con sus 22 neogladiadores forrados de pecado y egoísmo. Donde odiar prima sobre amar. España de montañas nevadas, praderas vestidas de áureo grano infinito, mares cristalinos mecidos por la Luna y arropados con el abrazo del padre Sol. Todo un recuerdo…

España de culturas hermanas ahora enfrentadas por la ignominia de sus democráticos lideres. España marginal, católica, apostólica y romana, de macro turismo vaciando sus bolsillos y echando a los vecinos de toda la vida de sus casas, España cobarde, sumisa, llena de falacias solo por rapiñar un poco más... Veo una España yonqui de las redes sociales, youtubers, selfies, instagramers, nada real, todo demoníacamente virtual. Veo una España llena de orgullo y satisfacción, que se cree erguida pero en verdad siempre se arrastró cual culebrilla. Donde su historia esta manchada de genocidio, robos, fascismo y violación. Una España donde se pasean en Semana Santa y Navidad señorit@s piados@s de fachada, pero en verdad dicha piedad es pornográfica. Una España donde se asesinan a nuestras madres, hermanas e hijas sin pudor. Donde vale más un escote generoso o un bicep musculoso que un cerebro preparado, donde el más idiota prospera y el más sensible pide limosna a la puerta de la iglesia.

Veo una España que según el color de piel o tu procedencia, te acoge o te patea el culo de forma fulminante. La España de Lorca, Valle Inclán, Goya, Séneca, Gaudí, Bécquer, Trajano, Ramón y Cajal, Camarón y Paco...por nombrar algunos, pero también la del Generalísimo y sus secuaces, la de las dinastías, la de los fusilamientos y fosas, la de la inquisición, la España del espolio colonial, la España que abandonó al Sáhara entre dunas y agua salada, la España de la patraña que se enorgullece de su miseria nacional...podría seguir un rato pero...

-Erick Szczurek

-Rebeca Landi

Histoire D'histoires...

On dit que de ne pas dire
Ce n'est pas vraiment mentir
"Mais garde ça pour toi,"
Garde ça pour toi.

On dit surtout tiens-toi droit
"Tu sais il faut gagner sa vie
Et tais-toi, sois gentil."
Tais-toi, sois gentil.

"C'est comme ça et pas autrement
Oh dis mais pour qui tu t'prends !
On ne veut rien entendre."
On n'veut plus rien entendre.

"Oh dis tu n'es qu'un enfant
Ce sont des histoires de grands
Tu comprendras plus tard."
Tu comprendras plus tard.

    Moi j'ai pas envie d'vous mentir
    J'ai pas envie d'vous croire
    Les légendes qu'il faut s'farcir
    C'est des paroles qu'il faut boire

C'est du pétrole sans vomir
Qu'il faut ravaler tous les soirs
Quand on porte une autre histoire,
On s'prend des coups dans la mâchoire.

On dit qu'c'est pas la mer à boire
Qu'un projet tu dois avoir
"C'est pour ton bien tu sais",
Pour ton bien tu sais.

"Le travail c'est la santé",
"Ce n'est pas ma tasse de thé"
Et la retraite c'est pour crever ?
La retraite c'est pour crever ?!

On dit que si on n'comprend rien
C'est de l'art contemporain,
Que "l'argent n'a pas d'odeur"
Que l'argent n'a pas d'odeur ?

On dit que c'est par principe
"Fait voir c'que t'as dans les tripes"
Qu'on n'a que ce qu'on mérite,
Qu'on n'a que c'qu'on mérite.

Mais j'ai pas envie d'vous mentir
Ça m'fait pas vraiment rire
Faire la pute, chacun son truc
J'adore trafiquer dans l'brouillard
Mais tous les jours reconstruire
Et allez chanter au hasard

Quand on porte une autre histoire,
On a la rage du désespoir.

On dit "s'il vous plaît, merci,
Les bons comptes font les bons amis "
Mais "quand on aime on ne compte pas."
Quand on aime on ne compte pas.

"C'est comme vous voulez vous êtes libre,
 Il n'y a pas de chef ici
C'est pas moi qui décide."
C'est pas moi qui décide.

On dit qu'on refera le monde
Qu' "c'est plus facile à dire qu'à faire"
Mais que "l'enfer n'est pas sur terre".
L'enfer n'est pas sur terre ?

On ne pense pas trop à c'qu'on dit,
On ne dit pas tout ce qu'on pense
Mais quand on pense à ce qu'on dit ... .
Quand on pense à ce qu'on dit.

Moi j'ai pas envie d'entr'tenir
Les quiproquos dans l'isoloir
Toutes ces légendes qu'il faut subir
Nous isolent dans la bagarre
Pas d'autres choix sinon mourir
Que de construire sa propre gloire
Je porterais ma propre histoire
Quitte à crever sur le trottoir.

On dit que de ne pas dire
Ce n'est pas vraiment mentir
Mais faut pas l'dire trop fort.
J'irai l'dire trop fort

On dit que le malheur des uns
Fait bien le bonheur des autres
Et que tout est sous contrôle.
Rien n'est sous contrôle

On dit que je suis trop ivre,
Qu'on ne peut pas accueillir
Toute la misère du monde.
Et la misère abonde

On dit que le temps c'est d'l'argent
Que rien n'arrive par accident
Que le vainqueur raconte l'histoire,
Le vainqueur raconte l'histoire ?!

Si j'ai pas envie d'vous mentir
Qui voudra bien me croire ?
J'ai pas réussi à tout dire
Chacun voudrait pouvoir
Mais dans les yeux on peut me lire
Et j'emmerde vos mémoires
C'est en écrivant ma propre histoire,
Que je souffle sur la victoire.

-FoxAton'

C'que tu présumes J'le fume ...

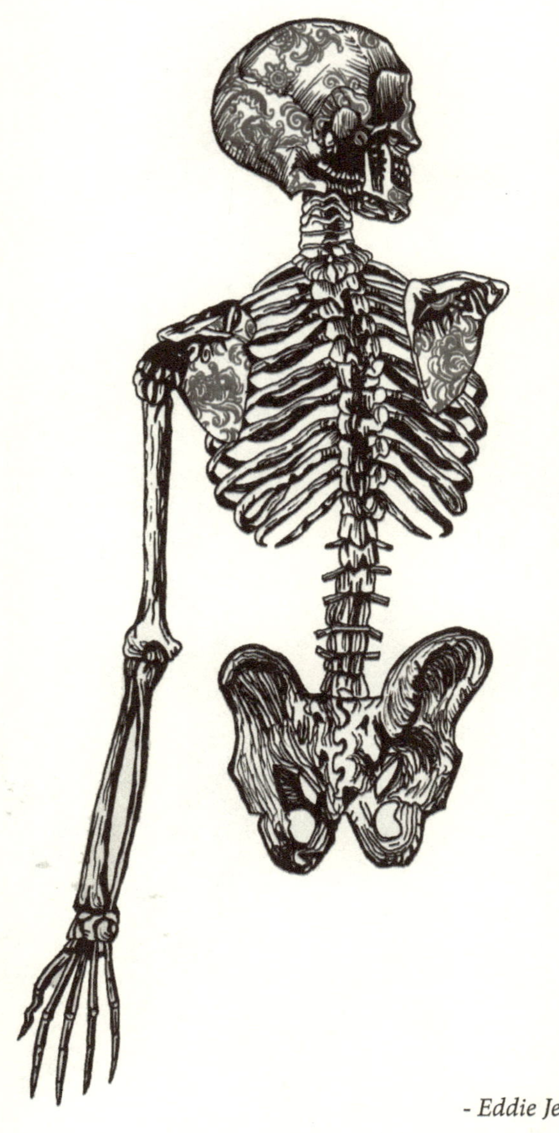

- *Eddie Jelinet*

Se Cumple Un Ciclo

31 de enero 2019

En el 1967 hubo un gran cambio de consciencia …
Hoy, Chiron a los 29º Aries,
Se cumple un ciclo de 51 años.

En el año 1967, yo apenas tenía 3 años,
Vivía en Moca, Republica Dominicana
Con mi abuelita Mama Tono.
Mi padre Ramon ya estaba inmigrando a los estados unidos
A nueva york, a Tarrytown.
Ese año nació mi hermano Johnny, José Ramon en Moca.
Adelita nació en Tarrytown.
Mis padres estaban inmigrando a nueva york.
Había la familia
Feliciano, Don Chu, Sofia, Antonio y otros que no recuerdo.
También mi tía Mercedes, mucho más que no recuerdo…

El año 1967 cambió todo.
Fue el comienzo de la separación
De nuestra familia, de la isla
Para siempre.

-MAJA

Transformación De Las Playas

Últimamente me sucede algo que más de uno se ha dado cuenta también cada vez que se arrima a una playita a darse un baño. Qué coño le pasa a los del selfie?? Por qué tengo que ver a estos individuos en posiciones casi de contorsionista circense con bocas de ventosa, culos en pompa y patas de cigüeña ellas y con una marabunta tatuada de músculos brillantes en aceite y cara de "te perdono la vida" ellos? Buscando tras decenas de intentos revisados al momento por su ego-vanidad la foto a publicar en su pseudo mundo interactivo para así recibir la aprobación del vulgo virtual? Estos individuos llamados humanos del siglo 21, castrados de cualquier emoción e interacción con el medio en el que se encuentran, más allá de lo que les pueda servir para retratar sus edulcoradas actividades llenas de falacia, se hayan por todas partes y llevan a cabo el mayor repunte de sus actos en las playas con la nueva máxima "si no se publica, no sucede, no existe."

Entonces que ha sido de la magia de los amores de verano? De las miradas furtivas hacia aquel o aquella que te gustaba? De aquel disimulo? De la fogata con guitarrita y birretas bajo las estrellas? Ahora son actos que están desapareciendo bajo el manto invisible de lo irreal. Personas que no se detienen a mirar el paisaje, el atardecer, el mar rompiendo al pie de la montaña, ahí donde agua y tierra se abrazan, se besan... Donde el movimiento de las olas recuerda al respirar de un pulmón, y también al ir y venir del caminante, al baile de dos amantes dando rienda suelta a sus instintos, al nacer y al morir de cada especie de este planeta, calma e ira del cosmos, por decir alguna de las cosas que me despierta la contemplación de lo divino, pero nada, todo esto que escapa a sus publicaciones, se pierde, y al perderse, desaparece aquello que les define como humanos de manera insondable.

Y claro, ahí te encuentras tú tirado en la arena intentando fundirte con los elementos cuando de pronto en tu cuadro visual aparecen tres idiotas, da igual el género, a retorcerse delante tuyo con grititos estridentes a joderte el momento. Algo que se ha convertido en habitual, tanto como una birra en un chiringuito. Y esto incluye a todas las edades, porque hasta las abuelas y abuelos han aprendido a posar. Miedo infinito. Fotos de todo en tus vacaciones... Yo con una paella, yo con una botella de vino, yo con un cocktail, yo con un capuchino... Fotos de todo... Hasta "yo con foto del mojón que acabo de soltar en el wc de la habitación del hotel." Maquillaje para mojarte en el mar, inmersiones salvo la cabeza para poder lucir tus gafas de sol de Dior con tu sombrerito a juego, bolsas de plástico duro y transparente para poder meter tu teléfono en el agua y así hacerte un vídeo húmedo... Tipas caminando como si fuesen J Lo en un video musical, tipos con el short arremangado por los muslos en modo tanga como si fuesen Cristiano para lucir pantorrilla... Uñas de silicona color muerte pegadas en sus dedos ellas como si Barbie no fuera ya suficiente y ellos tan bien afeitaditos con sus pechos palomos depilados y su pose de "mi polla es la repolla"... Aparentando lo que no son... Personas.

Si ya de por sí en verano tenías que ver la mayoría de las playas llenas de gente que solo disponen de un mes de permiso para hacer lo que en todo el año no se les permite, de restaurantes con comida de dudosa procedencia con camareros y cocineros malpagados que se meten farlopa para poder aguantar turnos maratonianos de 15h diarias, colchonetas de colores imposibles, microplásticos mezclándose con los granos de arena o en los peces que te comes a la parrilla en tu pisito vacacional, yates de alquiler delante de la playa soltando inmundicia y diesel, hoteles con todo incluido masificando de horteras las costas y música ruidosa por doquier, (en el caso de Canarias que es donde me encuentro, sólo reggaeton, ya sabes, esa musiquita de gente ilustrada) y venga plástico por todas partes, también hay que añadir a estos inconvenientes la exposición a la que hago referencia.

A qué se debe esta condena? Cada uno de nosotros lo sabemos, lo hemos permitido. Hemos colaborado y abrazado la "Era del Plástico", mente plástica en cuerpo de plástico. Fotos y mas fotos mostrando lo que a nadie le importa... El ego de sus culos. Invirtiendo y condenando el arte de vivir bajo el yugo de ésta nuestra era de la imagen y la comunicación. Comunicación, otro término invertido. Más nos comunicamos menos nos entendemos, pero esta es otra historia de la que hablar en otro momento...

-*Erick Szczurek*

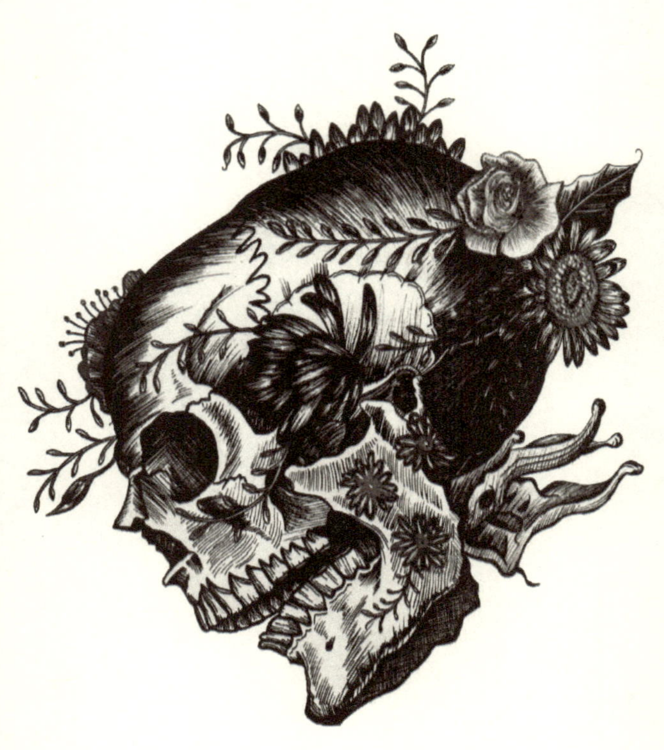

- Eddie Jelinet

Of Being Swallowed

On Monday evening, I turned down any potential plans
plans
cleaned my desk
put together a playlist
and blocked out a few hours
to write this poem.
I had a rare few days off,
some ideas beginning to perculate,
I felt inspired, ready. !give them anarchy!
But then the woman for whom I babysit
asked me if I could watch her kids on short notice
and I needed the money
so on Monday I did not write.

On Tuesday I set aside time to write.
But my dog walking boss told me
he had too many dogs to walk
and I needed the money
so on Tuesday I did not write this poem.

On Wednesday I was determined.
I added some songs to my playlist
opened a word document
tried out a few first lines.
Then my manager at the cafe

asked me if I was free;
a coworker sprained her ankle at her 3rd job
and couldn't come in
and I needed the money
so on Wednesday I did not write this poem.

On Thursday I very much wanted to write.
But after my babysitting gig during the day
I had to walk my bike to the shop to replace the seat
that someone had stolen from me
while I was working at the cafe
and the cash I spent on bike parts
depleted my funds just enough
to make the approaching monster of rent
a little too menacing
and I had to sit and look for more work
with which I could fill my overflooded days
and craft more creative ways
to make the money I needed
to provide shelter over my head
so on Thursday I did not write this poem.

On Friday I swore the day would not end
without me weaving some words together.
But after working a morning shift at the cafe
and leading a meditation circle in the afternoon
I took a beloved childhood relic to the used bookstore—
a leather-bound collector's volume of Greek myths—

and sold it for pennies
beyond dwarfing its emotional worth
because I needed the money
and at home I couldn't stop thinking about all the
times I'd thumbed through
those beautiful gold-laced pages
creating my own adaptations
dreaming of the day when I'd settle down in a
plant-speckled cottage
somewhere by the sea
and keep the leather-bound in a treasured section
in my library
and my vision was too blurry
to see the document on the computer screen
and so on Friday I did not write this poem.

On Saturday I tried to write.
I tried.
But when I awoke my limbs were heavy
and after forcing my body all week to move like a
mule,
my brain was the critical flash of a low-battery
symbol:
a cargo truck crawling to a stop on the side of the
road
caving to the consequence
of running on fumes instead of fuel.
And so on Saturday I did not write this poem.

On Sunday I decided that against all odds,
no matter what happened

I would finish this poem once and for all.
But I spent all day biking across North, South and horizontal Brooklyn
delivering herbal smokes and teas
and I was running late for a meeting
and I was so tired
that when I was turning onto Eastern Parkway
my body and mind didn't react in time
to the car that wasn't looking as it swerved illegally
and lurched straight toward me
and when the vehicle hit me
the entire weight of my bike fell on my left leg
and all I could hear echoing in my head was
my poverty is going to kill me
my poverty is going to kill me
my poverty is going to kill me
and when I made it back home
my leg was in too much pain
and my mind curled in on itself
and the engine shut down
and I had nothing left
in me
to give.

And that next morning I had to wake up early
and drag my sore leg onto the train
so I could give healing sessions at a festival
all day in New Jersey
and I did not write this poem
about how the beast is slaughtering me
because I needed the money.

-Lavender Malin

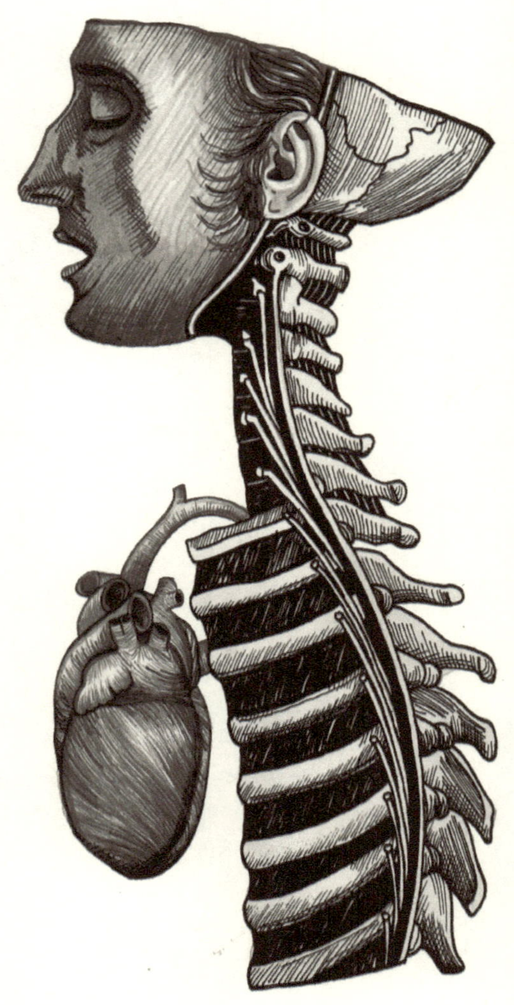

- Eddie Jelinet

Réponds Moi, Pourquoi ?

Dès l'âge de huit ans j'ai travaillé tous les jours.
Aider ma mère, sur Brooklyn Street trouver l'argent,
Pourquoi suis-je parti dans vos guerres de toujours
Quand il a bien fallu payer son enterrement ?
Fallait-il que je deal aux frères de la cité,
Aux mères en manque de mes copains de lycée ?
Quel choix reste-t-il quand on naît sur le pavé ?
Ne faut-il pas combattre pour pouvoir exister ?

Réponds-moi à ça toi qui me juge aujourd'hui
Dis-moi, qu'aurait-tu fais toi ?
Réponds-moi à ça toi qui me juge aujourd'hui
Dis-moi toi qui rends justice, pourquoi ?

J'avais besoin de croire pour surmonter ma peur
Quoi de mieux dans l'horreur que d'm'agripper à
ta foi ?
J'ai défendu tes couleurs sur le ring d'honneur
Combien de fois fallait-il que je m'batte pour toi ?
J'ai lutté des heures entraîné à la douleur
Combien de fois faudra-t-il que je tombe pour toi ?
Pourquoi est-ce que tous les autres sont morts sans
moi ?
Pourquoi est-ce que cette mine a emporté mon
bras ?

Réponds-moi à ça toi qui me juge aujourd'hui
Dis-moi, qu'aurait-tu fais toi ?
Réponds-moi à ça toi qui me juge aujourd'hui
Dis-moi toi qui rends justice, pourquoi ?

Que devais-je espérer de retour au pays ?
Comment survivre sans pension, sans mains,
Sans maison, sans famille, sans buts, sans rien ?
Comment j'ai pu faire la pute dans vos soirées
guindées
Sur vos yachts à Miami, dans vos clubs privés ?
Comment j'ai pu les laisser prendre mon cul
Et mon âme sur vos avenues bien en vue ?
Pourquoi vendre son âme ne suffit plus ?

Réponds-moi à ça toi qui me juge aujourd'hui
Dis-moi, qu'aurait-tu fais toi ?
Réponds-moi à ça toi qui me juge aujourd'hui
Dis-moi toi qui rends justice, pourquoi ?

Lui, cherchait ce qu'il pouvait encore obtenir,
Il écrasait un monde qu'il avait à ses pieds.
Quand il m'a tendu ses billets je l'ai vu v'nir
Comment m'ret'nir, j'ai su qu'j'lui rendrais la
monnaie.
Il m'humiliait, s'amusait à m'voir souffrir,
Pourquoi je n'l'aurais pas fumé cet enculé ?
Ce qu'il restait de moi, il l'avait déjà consumé
Alors pour tout vous dire, que devrais-je regretter ?

Réponds-moi à ça toi qui me juge aujourd'hui
Dis-moi, qu'aurait-tu fais toi ?
Réponds-moi à ça toi qui me juge aujourd'hui
Dis-moi toi qui rends justice, pourquoi ?

-*Anton R.*

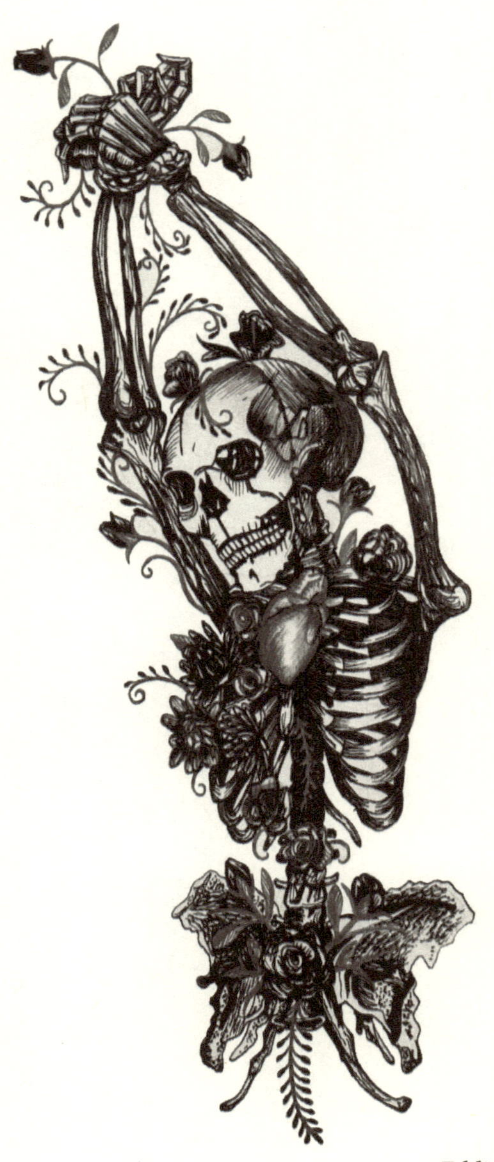

- Eddie Jelinet

Dandelions of Eden

My name is Nawal Nimjri. I am a twenty-year-old female Muslim philosophy major at the University of Granada. It is my dream to help support women in my community come into their own, their own way. Someway, somehow. One of my professors advised me to take off my hijab if I wished to reap the benefits of my university experience. He asked me to remove it. My hijab. My choice. My identity.

I asked him, "Why?" He told me that he felt that the other students were uncomfortable because of the known oppressions of my religion. I laughed. I told him that he was mistaken. That they were mistaken. I choose to wear my hijab just as I'd chosen what to believe in.

"You mustn't be so stubborn!" he said. "Give yourself a chance to be you! This is a safe, open, progressive environment. You can be whoever you choose to be. You are free to be whoever you want to be."

I looked him in the eyes, smiled, and said, "This is me." I wear my hijab, every day a different color, but me, all the same."

~~~

My name is Brianna Greene. I have a seven-year old son. I work late nights/early mornings, at the
~~~

laundromat across the street from my studio, where me and my son Jacob live. I change out dollars for quarters, I make sure the crackheads and the pushers don't hang out front, and I call the owner whenever someone uses too much detergent and there's an overflow, and after that I throw towels down and hope for the best.

Rodney, my son's dad, he tries to have a relationship with Jacob. But Jacob is too smart. He knows better. He won't give in to him, even if I do. But I figure it's better he has a dad versus no dad, and I let it go. One day maybe, if I save enough, we'll be able to afford our own home.

That's the dream I was clinging on to for a while now, but this morning I realized that I was sick and fucking tired of Rodney. He wipes his ass, doesn't buy toilet paper. He eats what I cook but doesn't pay for groceries or wash dishes. I guess the final straw for me was this morning. It was barely 9 'o clock and he asked me for a beer when I got home from the laundromat and I told him, "Go fuck yourself." Then he slapped me and asked me, (as if he didn't hear), "WHAT THE FUCK DID YOU SAY?" Then I told him again, I even spelled it out: "Go. F-U-C-K, FUCK, yourself."

~~~

My name is Lucia Angara. I was named after the saint who refused to believe in any other God, or savior, but Christ. She lost her eyes for that. I have great eyesight, but poor judgment. Is there a saint for that? Anyhow, I work at this dive that happens
~~~

to sell good pizza. Well, at least for California. The tips are okay, I mean, I get by.

For a long time this really handsome beautiful guy would deliver the mail at my work. I would look forward to every Saturday, when out of NOWHERE, he'd just hand me mail, and he always smiled. But I paid no mind. Or pretended not to. I mean I'm kind of chubby and past my prime, but I guess I'm still kind of sexy, but god, that guy—that guy's something else. He always orders the spicy sausage pizza.

This morning I saw him for the first time in a long time. He was on a totally different route, a few blocks away from my work, but a lot closer to my house. He was wheeling a cart of mail toward me and looked at me in a way that seemed like he knew me. I tried to ignore him. But I could feel his eyes on me. As we were passing each other, I turned to see if he saw me the way I saw him. And he did.   So I blurted at him, "Hey! Are you just sexy and friendly, or what?"

"Finally! You've noticed me, noticing you," he said. He has a goofier grin than I do. And I'm a goner. But that's all right. I guess I'm all right.

~~~

My name is Magaly Cruz. I was a novice at St. Barnabas up until yesterday.   Father Catagnus approached me and asked if he could speak with me privately. He seemed grave and very concerned about something, as though there was a boulder weighing on his mind. Naturally, I agreed. We
~~~

walked the grounds of the convent and discussed my vocation.

I told him that I'd grown up poor and that my mother put me to work at an early age. To earn my keep, to get bread for my mother and me. That it had been difficult, but by the mercy and grace of God, I was able to improve my situation by coming to the States. He told me he knew everything.
I didn't quite believe him. How could he know? He invited me into the rectory, to discuss my future further. He poured two glasses of wine. I declined, but he insisted.

"Did you know that your name means 'pearl'?" he asked while he sipped greedily.

"Yes, Father."

"You can trust me. I will not tell anyone. All that I ask is that you come out of that shell of yours."

Then he tried to put himself on me like all the others when I was a girl. I snapped from the weight of his body on mine. The goblet in my hand banged against the table where I sat. I swiped the shattered end across his throat. Blood of man all over my hands. I was not born to be a bride of Christ.

-Meredith Miranda

-Rebeca Landi

Vivir Para Contarlo

I.

Oye, tengo algo que decirte…

El mundo está lleno de miedos. Pero también está lleno de esperanza. Donde quiera que estés, veras a los niños. Una Nueva Era.

Los niños, crías, los siembres de un mundo que aún no conoces. No conocemos. Solo podemos desear por ellos. Intentar a no asustarlos tanto pero mejor darle un espejo de una visión más amplia, más verdadera. No mentir, no tener miedo a crecer, a expandir. Subir hasta la cima y mirar a todo alrededor. Exhalar con gusto, con alegría. Saber que somos valiosos. Igual que lo es cada Ser. Toda la existencia vale. Somos una parte del gran Todo.

II.

Allí afuera están hablando alguna gente, incluso Sadhguru.

Dicen que el planeta Tierra, la Pachamama, aun continuara existiendo sin el ser humano. Pues no lo creo. No lo creo porque en mi esencia entiendo a nivel de mi Ser, del campo cuántico, que eso no es verdad.

Si entiendes la geometría sagrada, comprendes

que la dualidad no existe. Solo existe el cambio.
O mejor un intercambio. Somos una constante
vibración del átomo. Así vibramos. Todo el
Universo en una danza.
Tonterías … solo tonterías a pensar que esto se
puede romper.

III.

Oye, quiero decirte algunas cosas. Quiero hablarte
de ellas.
Sabes que la meta es igual al reto.
Romper esquemas.
En los tiempos antiguos, la gente andaba en
grupos, tribus, pueblos. Desde entonces, se han
ido esparciendo sobre la Tierra. Divididos entre
si mismos. Hasta que han logrado encontrarse
aislados, esclavos a una soledad mecánica.
Ausentes. Hasta que ha crecido una existencia
desconocida, llena de miedos, equivocados entre
la mentira y la realidad.

IV.

Solo hay que darse cuenta.
¡Desde ahí nace la creación! Una danza infinita…
Sin juzgar a los ciegos.
Todos somos capaces de Amar. De vibrar Amor.
Desde ahí brotan las fuerzas para enfrentar las
mentiras. La estupidez de aquella falsa existencia
es lo único que alimenta el sufrimiento. También
lo que contamina y hiere el planeta.
Una vez que tomas consciencia, empiezas a formar

la valentía.
Ser firme. Saber que
Sí estoy haciendo lo mejor que puedo.
Si es lo más natural
alimentar y guardar el más grande tesoro.
Tu corazón.
Las cosas que valen.

-MAJA

-Rebeca Landi

A Propósito De Ti

Pobre es lo aprendido para con lo que enfrentarme
debo.
El resto de la vida, camino a la vejez,
sin más abrigo que la desnudez,
a veces incómoda para el resto.

Por cuantos ojos que me miraron con amor
cuántos,
todos ellos marcháronse entre guiños
por donde vinieron.

Y algo no funciona,
y todos poco a poco se dan cuenta,
pero nada dicen,
solo callan.

Mientras,
solo quiero recordar tus besos,
pero como gaviotas
se alejan hacia el poniente.

Se asoma el ocaso,
de negro,
te observa altivo,
directo a los ojos.

Ahora su frío ocupa espacio
en la simiente de cada día
y tu olvido,
lo alimenta.

Ya no son los atardeceres que verás,
sino los que te quedan por ver,
y lo que siento no puede ser tan solo lejanía,
lo que siento de este mundo no es.

Porque en este mundo, el dual,
que te da y te roba,
que te abraza y te empuja,
no sabe que en mis lágrimas cabalga la Luna en tu
busca.

Equivocada ella, sabedora en el fondo,
su insondable fondo,
que no existes, aquí no estas,
no en este plano.

Siempre la sed implacable,
la sensación de incompleto,
inacabado,
sin las piezas que hagan rodar el engranaje.

Dilúyanse los sueños como el salitre entre las olas
y rodéate la resignación del vacío sincero
como si de una armadura de batalla
o un cascarón maléfico se tratara.

Fría y dura,
protegiendo lo que debajo es frágil, casi pusilánime
coraza y teatro,
guerra y circo.

Dejen que me difumine entre las cuerdas de un
violín en improvisada melodía
hasta que sea como agua líquida filtrándome por
las grietas del suelo
o evaporándome para abrazar el cielo subido en un
carruaje de nubes broncíneas
y así extinguir esta sed de tu ausencia,
que se me derrama
por los adentros,
como un cántaro quebrado,
empapando de ti
todo mi ser.

Agua fría que me agarrota los músculos,
los contrae hasta convertirme en piedra,
y ahí paralizado, vuelvo a sentir que no existes,
que lo que debiese brindar nadie tendrá
correspondencia.

Que esta tristeza que me abraza ociosa noche y día
no es mía ni tuya,
es la tristeza de Dios,
su tristeza y su vivencia.

-Erick Szczurek

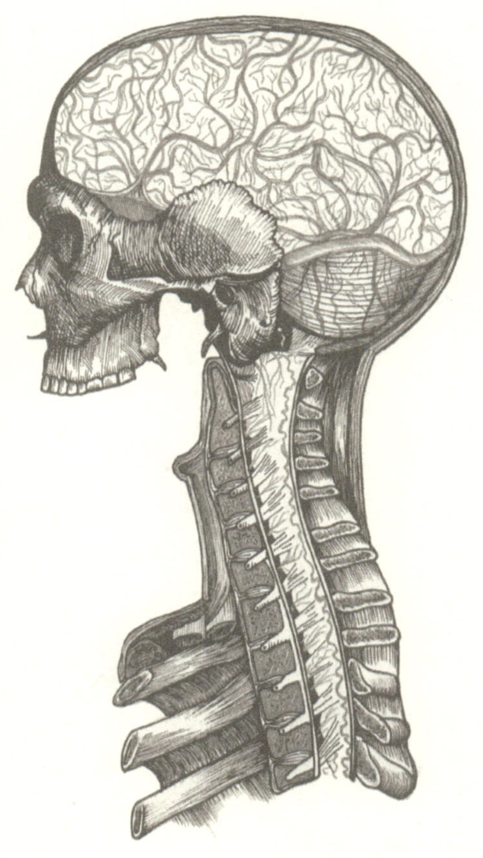

For more information about this publication and its contributors please visit labrujaonline.com.

www.ingramcontent.com/pod-product-compliance
Lightning Source LLC
Chambersburg PA
CBHW031132160726
47989CB00017B/2901